EL DRAGÓN SIMÓN
Y EL LAGO DE CHOCOLATE

edebé

Título original: *El drac Simó i el llac de xocolata*

© del texto y la ilustración: Mercè Aránega, 2010
Directora de Publicaciones Generales: Reina Duarte
Edición y traducción: Elena Valencia
Diseño: MBC

© Ed. Cast.: EDEBÉ, 2010
Paseo de San Juan Bosco, 62
08017 Barcelona
www.edebe.com

1.ª edición, octubre 2010

ISBN: 978-84-236-6377-4
Depósito legal: B. 11946-2010
Impreso en España - Printed in Spain

EL DRAGÓN SIMÓN

Y EL LAGO DE CHOCOLATE

Mercè Aránega

edebé

El dragón **Simón** quiere ir a visitar a su tía **Guillermina.**

De repente, el cielo se cubre de nubes negras y comienza a llover.

Simón se ve obligado a buscar refugio y encuentra una pequeña cueva en la que esconderse.

Hace dos días que llueve y hace dos días que el dragón **Simón** no come.

Tiene la barriga vacía y le suenan las tripas como si tuviera una orquesta dentro.

—Hoy no llueve y veo que asoma un trocito de sol entre las nubes —dice **Simón** mientras sale decidido de la cueva.

Tiene tanta hambre que sólo piensa en la sopa tan rica que suele preparar su tía **Guillermina**.

Mientras avanza por el camino, no ve a nadie ni tampoco oye ningún sonido.

«Qué silencio más extraño hay hoy», piensa **Simón**.

—¡Ya queda muy poco para llegar a casa de tía **Guillermina**!
—exclama contento **Simón** y empieza a cantar.

Pero entonces alguien le manda callar.

—¡Silencio! No cantes tan fuerte que ahora duermen
—dice una rana verde sacando la cabeza por entre unas hojas.

—¿Quién duerme? —pregunta **Simón**.

—Las ranitas están durmiendo. Han pasado toda la noche despiertas con dolor de tripa. Y no encontramos ningún remedio para curarlas.

—¿Ya comen? —pregunta **Simón** tocándose la barriga.

—No, hace días que no tienen hambre —responde triste la rana verde.

Simón tampoco tiene ningún remedio para ayudar
a las ranitas y muy pensativo sigue su camino hacia casa
de su tía **Guillermina**.

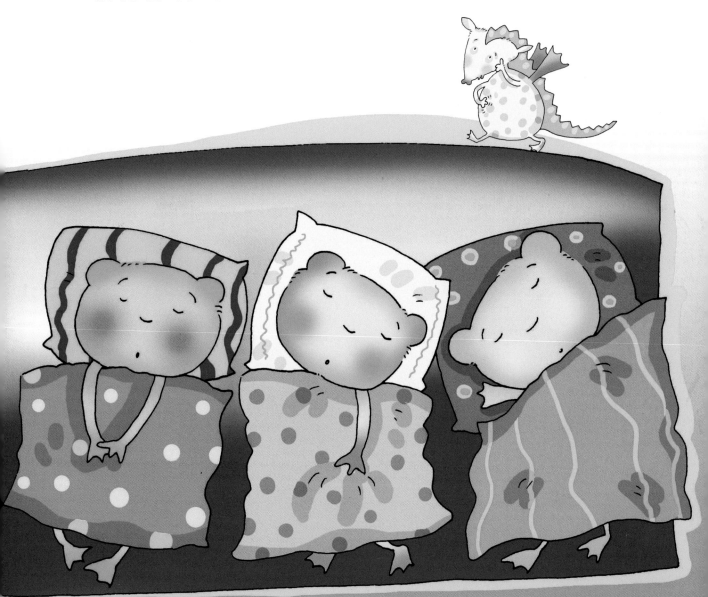

El dragón va dando saltitos entre las piedras.
Al pasar por el bosque, oye una voz que dice:

—¡Silencio! No saltes tanto que ahora duermen
—dice un conejo con la cara triste y los ojos llorosos.

—¿Quién duerme? —dice Simón.

—Los conejitos han estado despiertos toda la noche.
Tenían dolor de barriga.

El dragón **Simón** también tiene ganas de ayudar a los conejitos pero no sabe cómo hacerlo.

Callado y pensativo, el dragón **Simón** llega a casa de su tía **Guillermina**. Nada más entrar, le llega el olorcito de la sopa.

El dragón explica a su tía **Guillermina** que las ranas y los conejos tienen dolor de barriga.

La tía **Guillermina** le escucha atentamente.

Guille y **Mina**, los primos del dragón Simón, llegan armando mucho ruido y muy cargados.

—¡Hola, Simón! ¡Mira qué hemos encontrado en el lago: una zapatilla, una rueda, bolsas de plástico y más cosas! —gritan alarmados los primos.

—Vamos al lago a ver qué es lo que pasa —dice enfadada la tía **Guillermina**.

Al llegar al lago, **Simón** pregunta:

—¿El lago es de chocolate?

—No, **Simón**. Es porque el agua está sucia. Antes era de color azul y muy transparente. Ahora el agua está contaminada por los desperdicios. Por eso tiene el color del chocolate —dice la tía **Guillermina**.

La tía **Guillermina** explica:

—Las ranas, los conejos y muchos otros animales
de la comarca vienen cada día a beber agua al lago.
No pueden ir a otro sitio, ya que por aquí no hay ningún río
ni fuente. Ahora entiendo por qué tenían dolor de barriga.
Tenemos que limpiar el lago vaciándolo de todos
los desperdicios —dice decidida la tía **Guillermina**.

Los cuatro se zambullen en el agua del lago para limpiarlo.

—Intentad no tragar ni una sola gota de agua, porque entonces tendríais dolor de barriga —dice la tía **Guillermina**.

—Mirad qué he encontrado: una silla, un paraguas, una bicicleta, una lavadora, muchos cascos de botellas y muchas latas... ¡Uf, cuánta basura! —dice **Simón**.

Lo colocan todo en una pila en el suelo,
formando una montaña de escombros muy alta.

—Ya no queda nada dentro del agua del lago —dice **Guille**.

—¡Ahora viene lo más divertido! —exclama la tía
Guillermina—. **Simón**, arroja una llamita de dragón y quema
todos los desperdicios.

Simón escupe fuego por la boca y, de todos los escombros,
sólo queda ceniza.

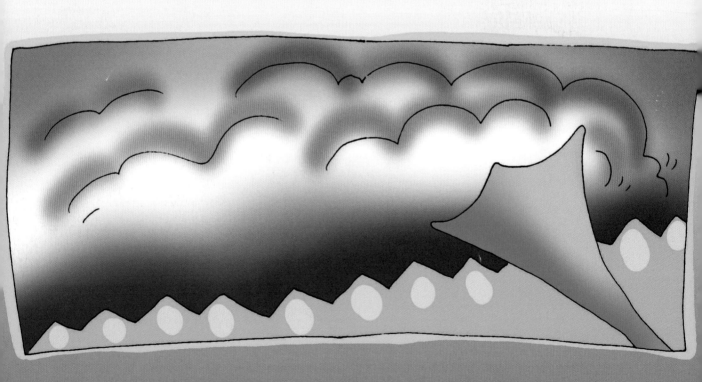

Guille y **Mina** echan agua a las cenizas para que
el fuego quede bien apagado.

—Mirad el lago. ¡Vuelve a estar azul y transparente!
—comentan suspirando los cuatro.

—Y ahora a comer sopa —dice la tía **Guillermina**.

—¡Sí, que tenemos mucha hambre! —gritan **Guille**,
Mina y **Simón**.

Pero la tía se para y, pensativa, exclama:

—¡La sopa también es un buen remedio para curar el dolor de barriga de las ranas y los conejos! **Mina** y **Guille**, llevad esta olla pequeña de sopa a las ranitas. Tú, *Simón*, lleva esta otra olla grande llena de sopa a los conejos.

—¡Sí, sí, sí!

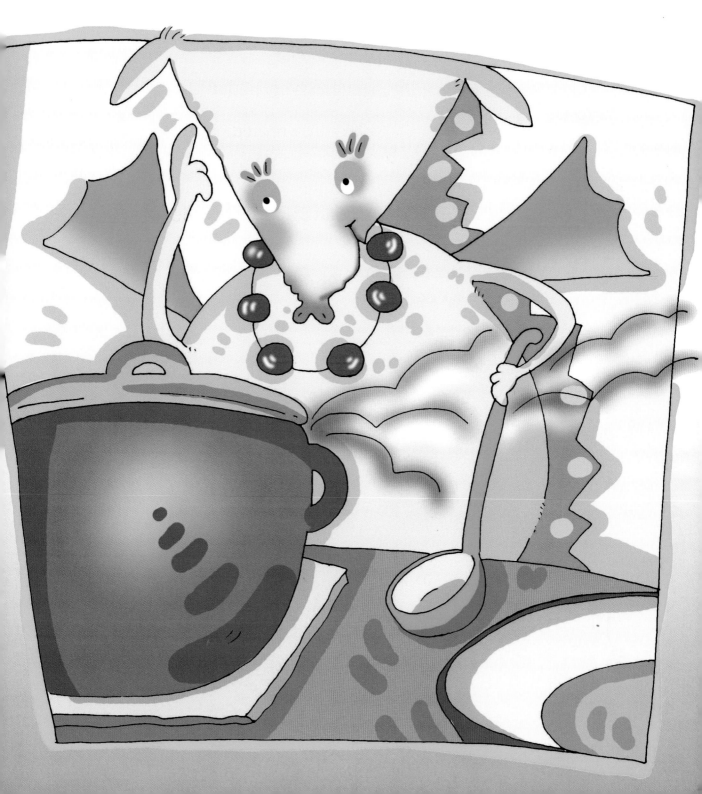

Las ranas y los conejos abren los ojos y la boca al ver la sopa y, en un plis-plas, se la comen toda.

Simón, **Guille** y **Mina** vuelven corriendo. La tía **Guillermina** los espera con la mesa puesta y la olla llena de sopa.

—La mejor sopa del mundo —dice contento **Simón**, que tiene tanta hambre que se toma tres platos bien llenos de sopa.

De vuelta a casa, **Simón** se encuentra a las ranas y a los conejos jugando. Ya están bien.

La sopa de la tía **Guillermina** es tan buena que incluso los ha curado.

Simón, contento, piensa: «Ya no tendrán nunca más dolor de barriga, porque el agua del lago está limpia».

La tía **Guillermina**
ha dejado un mensaje importante
para vosotros:

CUANDO VAYÁIS A LA MONTAÑA,

A LA PLAYA, AL RÍO,

O AL LAGO,

DEJAD TODO BIEN LIMPIO

Y LLEVAOS

LOS DESPERDICIOS.

Guía para los padres

1. En el cuento aparecen varios temas de Educación ambiental que al acabar la lectura conviene trabajar. Pueden comentarse tanto por escrito como de forma oral.

Los temas son los siguientes:
- El agua, un bien escaso
- La contaminación del agua
- Cuidar la naturaleza
- Reciclar los desperdicios

2. Una vez comentados y para profundizar más, se puede hablar también sobre:

- La consecuencia de la contaminación del agua del lago en las ranas y los conejos pequeños.

- La reacción de los personajes del cuento cuando ven el lago lleno de desperdicios.

- La actitud de los personajes del cuento respecto a los espacios naturales.

- El agua como bien escaso. Las ranas y los conejos pequeños no tienen otro lugar para ir a beber.

- Cómo actúan los personajes del cuento con los desperdicios y cómo actuamos nosotros.

Actividades

- Modela una rana y un conejo con la plastilina.

- ¿Qué le pasa al dragón **Simón** cuando tiene la barriga vacía?

- ¿Te acuerdas de cuántos platos de sopa se toma el dragón **Simón?**

- Dibuja los desperdicios que ha encontrado el dragón **Simón** en el lago.